Cupón para la Biblioteca Virtual

Accede a la versión eBook de este título por solo 1,99 €. Con la compra de este libro puedes utilizar el siguiente cupón para la lectura en *streaming** desde la Biblioteca Virtual. **Sigue estas instrucciones** para visualizar tu libro:

1. Dirígete a la web de la Biblioteca Virtual **https://ebooks.eunsa.es/library.**

2. En la web ve a **Iniciar sesión** e introduce tu email y contraseña. Si no estás registrado, deberás completar el proceso en **Registrarse.**

3. Tras registrarte, accede a la página del libro o lee el QR de esta página. Bajo el precio podrás **insertar el código oculto en el siguiente cupón** para activar la promoción.

Rasque para visualizar

Acceso directo al eBook

No se admitirá la devolución del libro si el código promocional ha sido manipulado.

Canjéalo en ebooks.eunsa.es

*Con acceso a internet desde cualquier navegador.

Nadie habla

Inteligencia artificial y
muerte del hombre

Primera edición: 2024

© 2024.

Ediciones Universidad de Navarra, S.A. (EUNSA)

Campus Universitario / Universidad de Navarra /
31009 Pamplona / España

+34 948 25 68 50 / www.eunsa.es / eunsa@eunsa.es

ISBN: 978-84-313-3974-6
DL NA 1597-2024

Printed in Spain – Impreso en España

Ilustración de la portada: María Expósito

Diseño editorial y maquetación: Jokin Pagola

temas de **nuestro tiempo**

NADIE HABLA

Inteligencia artificial y muerte del hombre

Felipe Muller

EUNSA

Al maestro Nubiola.

ÍNDICE

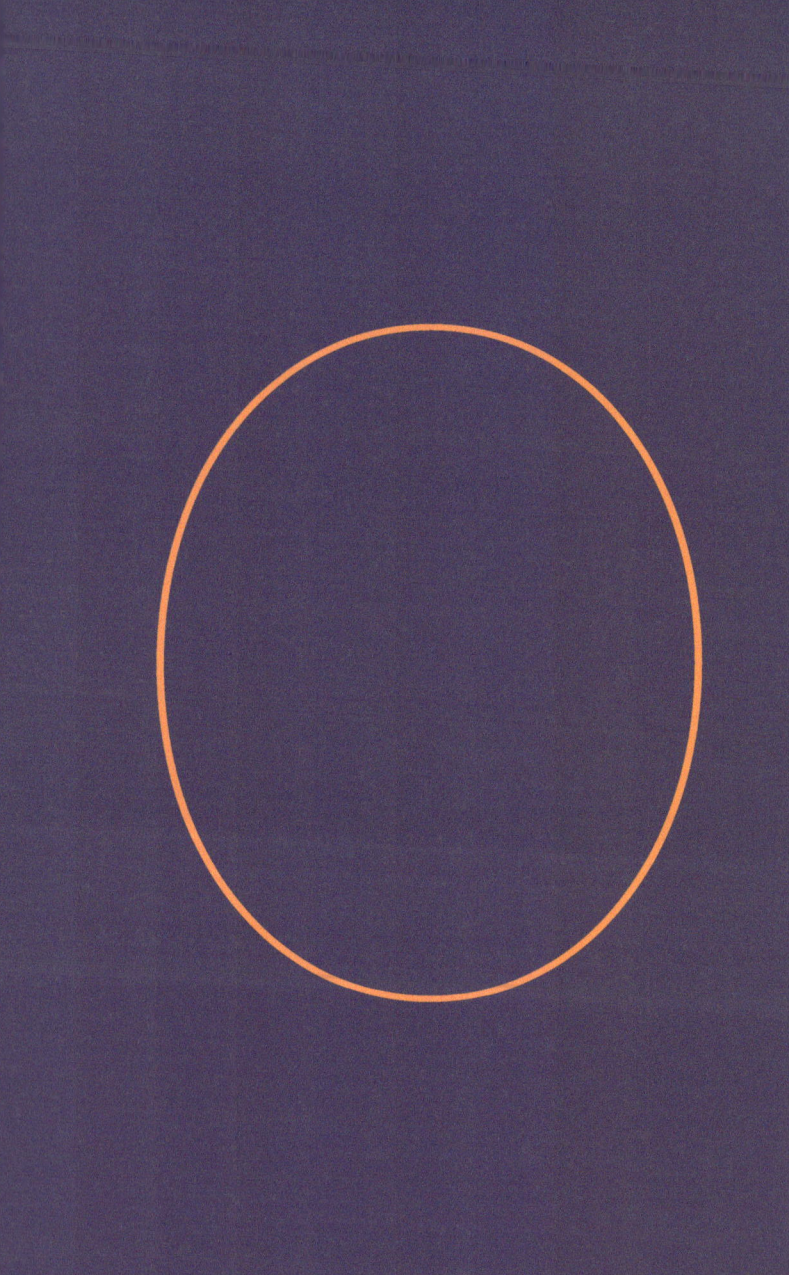

Prefacio

Una voz se escucha en la inmensidad de la cueva, hasta ahora solo animada por el quejido de una hoguera: «Pues bien, Nadie es mi nombre; así llámanme Nadie mi madre y mi padre y los compañeros que traigo conmigo». Nos encontramos en el noveno canto de la *Odisea*. El rico en ardides ya ha descubierto la forma de herir al cíclope Polifemo y de abandonar su caverna con aquellos compañeros que no han acabado en las fauces del monstruo. El tiempo apremia. Odiseo ofrece al gigante acompañar la carne humana que acaba de engullir con vino. Agradecido, Polifemo le pregunta su nombre. Y he aquí que, de repente, lo imposible se convierte en el primer paso de la escapada: para huir del cíclope, era necesario que nadie hablase. Y nadie habló.

En noviembre de 2023, publiqué en la revista *Nuestro Tiempo* (n. 718) un ensayo sobre cómo la noción que Michel Foucault propone de lenguaje ayuda a entender aplicaciones de inteligencia artificial generativa como ChatGPT. Su título, premisa y conclusión se hacían eco de la contradicción de la *Odisea*: nadie habla. Al poco de publicarse, el editor de la revista, Teo Peñarroja, me ofreció ampliar las ideas del ensayo en un texto más largo. Este libro es su resultado.

La vocación de los dos textos es la misma: presentar herramientas con las que hacerse cargo de los desafíos que definen nuestra actualidad. Sin embargo, he invertido el orden y enfoque de la exposición. En el ensayo, comencé con una breve panorámica sobre qué supone el uso de la inteligencia artificial en términos de conexión del territorio, consumo de energía y comportamiento humano, para acabar en la definición que Foucault ofrece de discurso. Pensé que partir de lo más reciente o novedoso ayudaría a remontarse hasta lo más abstracto. Ahora me gustaría empezar con una reflexión muy general sobre el lenguaje para después indicar la casilla donde, en mi modesta opinión, cae la inteligencia artificial.

Este cambio de estrategia se debe a dos motivos. El primero es un deseo. Puestos a escoger, prefiero que uno de los grandes retos de nuestro tiempo sea el lenguaje y no los *large language models* (en adelante, modelos extensivos de lenguaje). El segundo motivo es una pregunta. Después de haber leído el texto publicado en *Nuestro Tiempo*, una estudiante de Filosofía de la Universidad Complutense de Madrid me espetó: «Si quitamos del lenguaje palabras, personas y cosas, ¿qué queda?». Estas páginas son una respuesta.

El texto está dividido en cuatro capítulos. El primero, «El gran teatro del mundo», se apoya en la idea básica de este ensayo —hay lenguaje— para describir tres facetas o coordenadas básicas de la vida humana: la ficción, el riesgo y la muerte. El segundo capítulo, «Entreactos», presenta a grandes rasgos tres formas distintas de entender o explicar las relaciones que existen entre el pensamiento, el lenguaje y el mundo. El tercer capítulo, «La cuarta pared», explora la noción de lenguaje que esboza Foucault en *La arqueología del saber*. Su objetivo principal es explicar tres conceptos y un veredicto. Los conceptos son *enunciado*, *evento* y *discurso*; el veredicto, la famosa «muerte del hombre» que Foucault proclamó al final de *Las palabras y las cosas* (1966). En el último capítulo, «Dramatis Personae», me aproximo a la inteligencia artificial desde la noción de discurso de Foucault. Parto de la premisa de que los mensajes redactados por un modelo extensivo de lenguaje resultan indistinguibles de los de una persona de carne y hueso.

Para entender el sentido de estas páginas, es necesario regresar a la *Odisea*. «Esto dicho, marcháronse y yo me reía en mi ánimo viendo aquella invención de mi nombre y mi ardid excelente». Después de la oscuridad de la caverna, una sonrisa y el mar abierto. Por fin el rico en ardides y sus compañeros han logrado cegar al cíclope Polifemo y escapar de sus garras ocultándose bajo las ovejas que pastoreaba. Puesto que Odiseo se había presentado como Nadie, Polifemo es incapaz de indicar a los otros cíclopes que habitan en su isla quién le ha cegado: «Nadie, amigos, me mata engañándome y no con la fuerza». El ardid excelente regala a Odiseo la satisfacción de una sonrisa íntima. El emperador Marco Aurelio anotó en sus *Meditaciones* este desenlace: «Y mi corazón rio».

A menudo, la penetración e impacto de las tecnologías de información y comunicación en nuestras vidas parecen condenarnos a la oscuridad de una caverna en la que acecha un Polifemo hambriento. Con o sin riesgo de acabar devorados por cíclopes que no respetan los deberes de la hospitalidad, este ensayo solo pretende contribuir a que cada quien repita —con Odiseo, Homero, Marco Aurelio y tantos otros— la misma frase a la hora de enfrentarse a los desafíos del presente: «Y mi corazón rio». Que nadie, por tanto, se asuste si nadie habla.

«Nadie, amigos,
me mata engañándome
y no con la fuerza»

El gran teatro del mundo

HAY LENGUAJE

Un viejo catedrático de Metafísica solía lamentarse de que el único requisito para publicar un artículo académico sea que solo tenga una idea y, a ser posible, ninguna. A pesar de no ser un texto académico ni científico, este ensayo dará vueltas a una única idea que, por lo demás, es tan obvia que ni siquiera hace falta defenderla. Hay lenguaje. De todas las teorías, opiniones y ocurrencias que puedan asomar la cabeza en este texto, esta es tal vez la única que no se merece el olvido.

Hay lenguaje. Una obviedad. ¿Acaso no tiene el lector ahora mismo un libro entre las manos? ¿Y de qué está hecho un libro sino de todas las palabras, frases y afirmaciones absurdas o con sentido que componen su texto? Palabras y textos, textos y palabras: lenguaje. Para demostrar algo tan básico como que hay lenguaje, basta con indicar que alguien escribió este libro y que alguien puede leerlo. Quien dice un libro dice un meme o publicación en redes sociales, un mensaje de texto, un grafiti en el vagón del metro, el menú del día escrito en la pizarra del bar de la esquina o la canción que canturrea el camarero del bar de la esquina mientras prepara un cortado. Vivimos inmersos en palabras. Y no solo. También vivimos con palabras. Quien crea necesario defender la existencia del lenguaje corre el riesgo de pecar de modesto o, peor, de querer buscar tres pies al gato.

EL ASOMBRO

El lenguaje no deja de ser, con todo, algo ante lo que detenerse y asombrarse. Un primer motivo de vértigo es su relación con la muerte. Las palabras que escribo ahora mismo podrán leerse una vez haya muerto. De hecho, ni siquiera hace falta que esté vivo para que alguien las lea, como tampoco es necesario que el lector conozca a quien las escribe para entenderlas. Las palabras que pongo por escrito o, incluso, aquellas que salen de mi boca, anticipan y representan mi muerte. Si es verdad que los muertos no hablan, no es menos cierto que convivimos con nuestra muerte cada vez que echamos mano de palabras. Las palabras usurpan al futuro una muerte que, de golpe, acompaña a la persona que se sirve de ellas.

Detengámonos ante un segundo motivo de perplejidad. Gracias al lenguaje tenemos la capacidad de hablar sobre aquello que no es. El asombro ante esta posibilidad es proporcional a los distintos tipos y grados de irrealidad de los que podemos hablar. Aquello que no existe puede darse como negación, error o engaño. ¿Hay negaciones en realidad, como una manzana que sostenemos en la mano o su acidez en nuestra boca? No. Ocurre lo mismo con el error. Un clásico definía la verdad como «decir que es aquello que es y que no es aquello que no es». Se equivoca la persona que dice algo cuando no es el caso; el error aflora como error en el lenguaje y, gracias al lenguaje, se identifica y corrige. La mentira supone un paso más respecto al error que, aun así, no cambia lo esencial. Por último, también la fantasía y la imaginación existen gracias al y en el lenguaje. ¿Hay unicornios y sirenas? En teoría, no. Solo son ficciones.

Al meter en juego la palabra *ficción*, sin embargo, la capacidad de enunciar y hablar sobre aquello que no es se expande hasta pisarse los talones. A fin de cuentas, según el diccionario de la Real Academia Española, *ficticio* es sinónimo de *inventado*:

«Invención, cosa fingida». Por eso, puede afirmarse muy tranquilamente que cada palabra es algo que ha sido inventado, es decir, una ficción. ¿Existen las palabras de forma natural, como las flores del campo? No. Las palabras, los mismos ladrillos del lenguaje, son pequeños accidentes históricos, invenciones y ficciones con los que las personas pueden, entre otras muchas cosas, decir la verdad. Aquí reside otro motivo de asombro. Las personas necesitan ficción para decir la verdad.

Mañana por la mañana ningún periódico abrirá su edición en papel con un titular a cuatro columnas que proclame solemnemente: «Hay lenguaje». No es ninguna novedad. No hay noticia. Sí, sin embargo, asombro. Sobrevolar el hecho de que haya lenguaje delimita a grandes rasgos el teatro de la tragicomedia humana. La vida de las personas se desenvuelve sobre el escenario de la ficción y bajo el telón de la muerte, como afirma un abatido Macbeth: «La vida es una sombra que camina, un pobre actor / que en escena se arrebata y contonea / y nunca más se le oye. Es un cuento / que cuenta un idiota, lleno de ruido y de furia, / que no significa nada». Mañana no habrá grandes noticias y novedades, pero, mientras haya lenguaje, siempre quedará el asombro frente a lo que las palabras son y hacen. ¿Por qué estas ficciones y no otras? ¿Por qué esta muerte, aquí y ahora?

UNA FÓRMULA DOS VECES VAGA

La fórmula «hay lenguaje» es vaga por partida doble. Su uso del verbo *haber* recuerda al pistoletazo de salida de los cuentos para niños. En tales casos, la vaguedad de la introducción se contrarresta a renglón seguido con la aparición de personajes o situaciones lo más concretos posibles: «Había una vez un niño llamado Pablo que siempre estaba muy contento» o «No hace tanto tiempo, había un pequeño planeta donde vivía un rey al que le asustaban las ratas». Por desgracia, el «lenguaje» no es tan concreto como un niño llamado Pablo que siempre está muy contento ni un planeta donde vive un rey al que le dan miedo las ratas —que Pablo o el planeta existan o no en realidad es lo de menos y no desdice de su concreción—. La vaguedad del lenguaje no equilibra la generalidad del *haber*. Por eso, la expresión «hay lenguaje» es doblemente vaga y molesta.

A veces, en cambio, suele utilizarse el verbo *haber* para advertir a alguien de un peligro u obstáculo: «Si vas a dar un paseo, no te olvides de coger un bastón porque de cuando en cuando hay perros sin dueño y atacan»; «Quería dar media vuelta, pero había tal cantidad de gente que no pudo». El *hay* subraya la presencia (posible o real) de una amenaza que, existente, acecha. Este primer uso ayuda a hacerse cargo de la expresión «hay lenguaje». En muchas ocasiones, solo advierte del peligro de no ver el lenguaje, de no querer verlo o de que, de hecho, no se deje ver tan fácilmente. Hay lenguaje. Es decir: cuidado, no olvides que, entre aquello que solemos llamar *nosotros* y aquello que solemos considerar *realidad*, están las palabras y todo aquello de lo que son capaces.

También podemos usar el verbo *haber* para alegrarnos de la aparición inesperada de algo. Los ejemplos más básicos o inmediatos de hoy se refieren a internet: «¡Hay señal!», «¡Hay wifi!». Sin embargo, existen otros: «La fiesta fue un espectáculo. Hubo música en directo y fuegos artificiales». Este tipo de expresiones subrayan la alegría frente a lo repentino o imprevisto. Como si, sin avisar, un buen amigo al que hace años que no vemos viajara desde el otro lado del mundo para celebrar nuestro cumpleaños. Esta última posibilidad también sirve para apreciar el hecho del lenguaje. Frente a quienes no lo ven o no quieren verlo, es una buena noticia que haya lenguaje: con las palabras somos capaces de muchas más cosas que sin ellas. Por lo pronto, de hablar de un *nosotros* o de una *realidad*.

Pese a su vaguedad, por tanto, y sin necesidad de analizar su contenido, la expresión «hay lenguaje» se refiere a la posibilidad de que se dé un fenómeno existente, pero no siempre presente ni del todo necesario. Además, su irrupción y realización pueden ser vividas en algunos momentos como un peligro y, en otras circunstancias, como una alegría. Posibilidad, peligro, alegría. ¿Qué palabra podría servir para referirse a una eventualidad que lo mismo levanta sospechas que sirve para encender los ánimos? *Riesgo*. La existencia y presencia del lenguaje siempre supondrá un riesgo. Después de la muerte y la ficción, el riesgo: ningún actor declama a salvo en el gran teatro del mundo.

ARRIESGARSE

¿Es arriesgado hablar? ¿Supone hablar arriesgarse? Casi siempre, sí. ¿Por qué? ¿Acaso no hablamos todos, siempre, a todas horas y cada vez más? Algunas estadísticas señalan que una persona pasa de media tres horas y quince minutos delante de su teléfono móvil. Casi todas nuestras interacciones con un teléfono conllevan un intercambio y consumo de mensajes o contenidos. ¿Por qué afirmar que hablar es arriesgado, o que el lenguaje es un riesgo, cuando vivimos en uno de los momentos más locuaces de la historia?

De una parte, existe el riesgo de la palabra dicha: de no poder o no querer decir aquello que uno verdaderamente piensa; de no dar nunca con la palabra o expresión exacta; de que —a pesar de haber encontrado las palabras idóneas y, si se requiere, el valor para decirlas— se malinterpreten, se saquen de contexto, se vuelvan en tu contra; de que se descubra en palabras salidas de tus labios un mensaje nocivo, falso o directamente mediocre; que, de hecho, sea un mensaje nocivo, falso o directamente mediocre; o que, lo sea o no, esté en abierta contradicción con tu forma de vida, con aquello que haces y deseas. Estos pequeños riesgos y fracasos no tienen por qué darse solo en el ámbito de los discursos públicos, científicos o académicos. Su posibilidad también permea y mina las relaciones con la familia, con nuestros amigos, hasta con nosotros mismos. Es en estos ámbitos donde el riesgo de la palabra se traduce muchas veces en silencio: no querer hablar por vergüenza, para evitar un disgusto, una discusión o una decisión.

¿Existe el fracaso en la palabra? Sí. Es un tipo de derrota muy concreta, porque requiere para evidenciarse que la palabra sea entendida con éxito. Esta clase de derrota se ha agravado en las últimas décadas. Cada vez más, la palabra dicha es casi siempre palabra escrita y, hasta cierto punto, imborrable. Cada vez hablamos menos y escribimos más. Escribimos hasta para comunicarnos con nuestra familia, compañeros de trabajo, amigos, parejas. Gracias a la ubicuidad de los teléfonos móviles inteligentes, nos hemos convertido en notarios exhaustivos que documentan gratuitamente cada paso de sus vidas, hasta de sus rincones más íntimos. Siempre fue arriesgado tomar la palabra.

«Palabras,
palabras, palabras.
Riesgos, riesgos,
riesgos»

Este peligro adquiere nuevas dimensiones en una época que, en parte gracias a la tecnología y a su omnipresencia, desconoce la intimidad y el olvido.

Además de la palabra dicha, existe también el riesgo de la palabra consentida. Los estoicos daban una importancia fundamental a examinar con cuidado cualquier impresión, idea o sentimiento antes de aceptarlo y darlo por bueno. Pensaban que, en la mayoría de los casos, aquello que consideramos malo o negativo proviene de un juicio erróneo. Estoicos o no, las palabras a las que consentimos nos atan casi tanto como aquellas que decimos. Las emociones, sentimientos e ideas llegan hasta nosotros con palabras que se han disparado sin que nosotros hayamos apretado el gatillo: «Estoy triste», «No puedo más», «Esto es un escándalo», «Vaya mentiroso y corrupto», «Este lleva razón», «¡Me encanta!». Nunca está de más someter a examen cualquier contenido expresado en palabras, ya sea práctico o teórico, intelectual o emocional, antes de cogerlo en brazos y aprobarlo como propio. Se trata de no apretar el gatillo sin examinar el objetivo, no sea que uno acabe por dispararse en el zapato.

Analizar los mensajes que persiguen convencernos o distraernos nunca ha sido una tarea sencilla. Hoy es particularmente ardua. Ejércitos de periodistas, publicistas, relaciones, guionistas, predicadores, *influencers*, *youtubers*, *tiktokers*, políticos, portavoces, jefes de prensa, etcétera, viven de la atención de los demás. Todos proclaman que no podemos vivir sin aquello que anuncian. La mayoría persigue entregar nuestros datos a una empresa que pueda explotarlos, inclinar nuestro voto hacia un determinado partido político o generar una necesidad que seguramente nunca antes hemos sentido y que solo el mercado puede satisfacer. Si ya es difícil tomar distancia de estos mensajes para medir su pertinencia y calidad en el día a día, resulta casi imposible examinar los grandes relatos sobre los que construir una vida.

Los seres humanos han hecho y hacen cosas grandes con las palabras. Al mismo tiempo, el riesgo del lenguaje no está exento de una serie de peligros que avivan todavía más el asombro ante su existencia.

«Palabras, palabras, palabras». ¿Cómo evitar el suspiro de Hamlet? ¿Qué tienen las palabras, que las vuelve tan insidiosas e inevitables? ¿Dónde reside su poder y carácter? ¿Por qué depende tanto de algo tan pequeño como un balbuceo, de un sí o de un no? ¿Tanto importan? ¿Por qué parece que las personas nacen enraizadas en relatos y palabras que, aunque nunca hayan dicho, solo pueden perpetuarse si deciden entretejer con ellos sus vidas? ¿Por qué darles la espalda supone aceptar el riesgo de vivir en el desierto, el silencio o el exilio? Palabras, palabras, palabras. Riesgos, riesgos, riesgos.

LO FINGIDO VERDADERO

Todavía no hemos formulado la pregunta: qué es el lenguaje. Con todo, reflexionar brevemente sobre el hecho de que haya lenguaje no deja al pensamiento insatisfecho o indiferente. Pueden trazarse tres coordenadas básicas de la existencia humana desde este mismo hecho: la ficción, el riesgo y la muerte. Las tres son igual de incómodas y excitantes.

Primero, la ficción. Las palabras son invenciones con las que, entre otras cosas, decimos la verdad: la ficción es el umbral de cualquier verdad (también, por supuesto, de la verdad de esta afirmación, en caso de que sea verdadera). Segundo, el riesgo. El uso que hacemos de las palabras, además de aquellas a las que damos nuestro consentimiento, ejerce un poder constante sobre nuestras vidas. Hablar siempre es arriesgar*se*: ponerse a uno mismo en juego. Debajo del riesgo, late la posibilidad del éxito y del fracaso. Por último, la muerte. Cada vez que tomamos la palabra, usurpamos al futuro nuestra muerte. No somos inmortales porque hablemos; más bien, morimos cada vez que hablamos. Aquello que decimos o escribimos, siempre que quede registrado en un soporte tan frágil y necesario como la memoria, podrá ser compartido, entendido, repetido, discutido o rechazado, sin necesidad de que nosotros, quienes una vez lo dijimos, volvamos a subir al escenario.

Hay lenguaje. Hay, en palabras del actor romano Gigi Proietti, teatro, «*dove tutto è finto ma niente è falso*».

Entreactos

UNA FISURA

Ha llegado el momento de hacerse la pregunta. ¿Qué es el lenguaje? En vez de abordarla de frente y a bocajarro, no es una mala idea rodearla, como quien pasea alrededor de un jardín amurallado hasta dar con su entrada o, tal vez, con un agujero por donde colarse a hurtadillas. Basta una fisura, por pequeña que sea. En este caso, las murallas que se deben costear son aquellas opciones intelectuales que ocultan, taponan, tapian, camuflan o maquillan el simple hecho de que hay lenguaje. A riesgo de ser extremadamente breve y de caricaturizarlas, puede afirmarse que las tres grandes fortificaciones que ocultan el lenguaje son la muralla del pensamiento, de las palabras y del mundo.

PENSAMIENTOS SIN PALABRAS

Ocultar el lenguaje con pensamiento significa hablar del lenguaje como traducción de nuestras imágenes mentales de las cosas.

Un ejemplo. Quien afirma «Tengo hambre» une la imagen mental o representación del deseo con la de un hambriento. Los demás la entienden porque también asocian estas dos palabras con las mismas imágenes y, a su vez, esas imágenes con las mismas cosas o realidades a las que se refiere quien ha lanzado el mensaje. El pensamiento abstrae un rasgo común a toda una serie de cosas, sobre el que forma una representación o idea de ellas; después, le asigna un nombre. O a la inversa. Cuanto más materiales e inmediatas sean las cosas de las que hablamos, más sencillo será entender aquello que decimos: tenemos experiencia directa de un *libro*, mientras que resulta mucho más difícil entender a qué se refiere —si es que de hecho se refiere a algo— alguien que habla del *alma*.

A favor de esta postura se encuentra el hecho de que la conciencia del propio pensamiento es algo evidente y que solo cada uno sabe qué piensa en cada momento. Por lo general, nadie es capaz de leernos el pensamiento. Ignoramos lo que los demás piensan, así como ellos ignoran nuestra intimidad. Otro punto fuerte es que casi siempre pensamos antes de hablar. Por lo tanto, cabe divorciar el pensamiento del lenguaje y, puestos a escoger, dar mucha más importancia al primero que al segundo. Por último, es fácil aceptar que todos estamos de acuerdo en el significado de palabras que se refieren a hechos o cosas concretas. Aquellas que escapan a nuestra experiencia, abstractas y fuera de nuestro alcance, pueden ser objeto de gusto o creencia. Cada cual puede dar a la palabra *alma* el contenido que quiera siempre que no se lo imponga a los demás.

Si parece obvia, ¿por qué rechazar esta opción? Porque oculta el lenguaje. La realidad es que hasta nuestro pensamiento más íntimo es lingüístico. Las palabras que utilizamos para hablar con nosotros mismos y entendernos son las mismas que usamos para hablar y entendernos con los demás. No hay divorcio, ni prioridad: allí donde hay pensamiento, hay lenguaje. De hecho, la falta de lenguaje resulta en un empobrecimiento del pensamiento y de la propia experiencia. Una persona cultivada suele ser una persona leída; no solo cultivamos nuestra intimidad al relacionarnos con otras personas, sino con el gesto tan nimio de ampliar nuestro vocabulario. Por ejemplo, un primer paso básico en gestión emocional es poder verbalizar aquello que uno siente o poner orden en aquello que dice sentir.

Otro gran problema con esta postura es que sacrifica la existencia de toda una serie de cosas que solo existen gracias al lenguaje. Como se preguntan

Conesa y Nubiola, «¿Qué es lo que se enseña cuando a alguien se le enseña la expresión corriente "Tener una palabra en la punta de la lengua"?». Arregui y Choza proporcionan un elenco de otras cosas que debemos a las palabras: «Solo el lenguaje hace posible la realidad *fama, calumnia, promesa, presupuestos generales del Estado, poliedro* o *lealtad a la patria*, por no hablar de *verdad* o *el lustro que viene*». Además de empobrecer nuestra experiencia del mundo, sacrificar el lenguaje al pensamiento significa no dar cuenta de aquello que solo puede existir gracias a él.

Decimos lo que pensamos porque lo pensamos al decirlo: «¡Qué hambre tengo!». Pensamiento y lenguaje van de la mano. Tanto que, al parecer, los antiguos se referían a los dos con una única palabra: *logos*. Ni el lenguaje ni el pensamiento, por tanto, son la frontera que nos separa de los demás. Siempre cabe sospechar de alguien que dice «Yo me entiendo». Más bien, querrá decir que no sabe lo que quiere decir o que, por el motivo que sea, no quiere decir aquello que realmente piensa. Cualquiera de las dos levantaría sospechas en una discusión entre amigos y sería el punto y final de cualquier debate entre desconocidos. Se puede preguntar a alguien que usa el término *alma* qué quiere decir y, en función de su respuesta, decidir si su contenido responde a un gusto, a una creencia personal, al significado que le otorga una tradición religiosa o filosófica, etcétera.

También cabe sospechar de los argumentos, consecuencia de esta opción, que tiran de misticismo para tenerse en pie: «Me faltan las palabras para decir lo que sentí», «Esto solo puede entenderlo quien lo experimenta de manera profunda», etcétera. Este tipo de razonamientos rozan lo gnóstico y, como cualquier forma de gnosticismo, son particularmente dañinos. Pueden justificar absolutamente todo. Frente al gnóstico, el místico casi siempre da con las palabras que busca, que —para colmo— suelen ser pobres y directas: el «Vivo sin vivir en mí, y de tal manera espero, que muero porque no muero» de Teresa de Jesús, o aquel «Mi Amado, las montañas» de Juan de la Cruz. Tal vez resulte difícil o aburrido leer un poema místico porque es poesía, porque es un texto religioso o porque fue escrito en una época que no es la nuestra. Pero, por lo general, las palabras del místico están al alcance de todos.

PALABRAS SIN LENGUAJE

Una segunda estrategia para ocultar el lenguaje es tapiarlo con palabras. (Decisión paradójica: ¿cómo se tapa el lenguaje con palabras?). Esta opción señala que solo se puede pensar dentro de los límites de las lenguas e idiomas particulares. De entrada, es una posición irrefutable. Además, parece presentar el hecho del lenguaje como anterior y soberano. Cada lengua determina el pensamiento de sus hablantes y los encierra en una forma concreta de experimentar el mundo. Vivimos bajo la sombra de la Torre de Babel: los seres humanos están condenados a la diferencia y a la discordia. La historia del pensamiento no es sino una cascada infinita de errores de traducción que han dado pie a comentarios eruditos, a malinterpretaciones sofisticadas y a prácticas ilegítimas.

Como cualquier escuela relativista, es una opción sabia. Quien ame su lengua materna u otra extranjera habrá sufrido la experiencia de no acabar de dar con *la* palabra que significa exactamente lo mismo en un idioma y en el otro. De hecho, con los idiomas pasa lo mismo que con las personas: cuanto más se los conoce y ama, más se presentan como únicos e irrepetibles. Nadie habla un «lenguaje universal», la lengua que todo el mundo entiende sin necesidad de traducción. Nadie habla *el* lenguaje. De ahí que, en parte, afirmar que *hay* lenguaje suponga encogerse de hombros ante el hecho de que nadie hable. Todos necesitamos idiomas particulares, sean nuestra lengua materna o no, para poder pensar y expresarnos. Más que «lenguaje», hay lenguas e idiomas; el «lenguaje» es una de esas realidades que las palabras hacen posible. Así, y por paradójico que resulte, esta escuela anula con palabras —y de un solo golpe— el pensamiento y el lenguaje en su amplitud.

Una forma rápida y bastante ligera de responder a esta opción es señalar que existen las guerras y las malas traducciones.

Solemos pensar que las guerras o conflictos son fruto de la falta o del fracaso de diálogo o entendimiento entre pueblos y personas. Puede haber casos, sin embargo, en los que un país va a la guerra precisamente porque ha entendido a la perfección las intenciones y acciones del país o grupo de personas con el que está dispuesto a combatir. A veces, dos países entran en conflicto por errores de traducción; otras, por haberse entendido demasiado bien. En estos casos, da igual que aquellos que toman las armas hablen lenguas distintas. Llamar a un país al frente no es una decisión política pequeña: para llegar a este extremo, es necesario superar la barrera lingüística y, además, leer entre líneas las verdaderas intenciones del adversario. Que tal entendimiento de una lengua se lleve a cabo desde otra no es un límite u obstáculo.

Por otra parte, no solo es posible traducir, sino que además se puede juzgar si una traducción es peor o mejor que otra. De hecho, se puede llegar al punto de aprobar errores inadvertidos de traducción porque dan pie a efectos o posibilidades que el texto original tal vez ni contemplaba.

Un ejemplo. Agustín de Hipona señala que los posibles errores de traducción, o diferencias con el original, de la Septuaginta —la primera traducción al griego del Pentateuco— fueron previstos y queridos por la divina providencia: «Ciertamente, con razón se cree que los setenta traductores recibieron el espíritu profético de manera que, si enmendasen algo en razón de su autoridad y expresasen lo que traducían de forma diferente al original, no podría dudarse que sus palabras nacían de la voluntad divina». Una afirmación semejante presupone un conocimiento lo suficientemente bueno de la lengua desde la que se traduce y de la lengua a la que se traduce; confirma que se pueden advertir los errores de traducciones y que hasta esos errores pueden convertirse en motivo de más pensamiento y lenguaje.

Aunque el conocimiento de una lengua se dé desde otra, sus palabras no son ningún obstáculo para el lenguaje, la comprensión o el entendimiento. Tampoco para el pensamiento. Al contrario, confrontarse con otra lengua da más espacio al lenguaje y al pensamiento, por el simple hecho de que esa confrontación genera una distancia de la que antes no se tenía conciencia. El pensamiento vive de ese tipo de distancias desconocidas.

Por último, queda el problema de fijar fronteras y límites. ¿Qué umbral distingue una lengua de otra? ¿Cuántos hablantes debe tener una lengua para alcanzar el derecho a ensimismarse? ¿Cuántos siglos debe llevar muerta? ¿Son las diferencias entre dialectos de una lengua igual de ajenos entre sí que dos idiomas? ¿Son el napolitano o el romanesco dialectos del italiano, o lenguas completamente distintas? ¿Y qué hay de las diferencias dentro de un dialecto? ¿Dónde trazar la línea y frontera que conduce a la falta de entendimiento y que limita el pensamiento? Además de dar razón de los límites de cada lengua, quien apueste por las palabras frente al lenguaje deberá explicar cómo se generan esas Palabras Originales o Primeros Códigos que determinarán todo el pensamiento de una cultura. ¿De dónde viene ese grupo de palabras privilegiadas?

MUNDOS SIN IMÁGENES

Última muralla frente al lenguaje: el mundo. Esta posición intelectual defiende que la unión entre pensamiento y mundo genera un tipo muy concreto de conceptos, los signos formales. El vínculo de cada uno de estos conceptos con la palabra que los designa es del todo artificial: la palabra *gato* podría designar a los animales que ahora llamamos perros sin que perros o gatos dejen de ser lo que son. Sin embargo, sí existe un vínculo natural entre el concepto *perro* y los perros, o entre el concepto *palabra* y las palabras. Esos conceptos son un vínculo que dirige, sin imponerse, el pensamiento de cada persona al objeto pensado. Así, gracias a los signos formales, una persona que conoce posee la forma de aquello que conoce mientras lo conoce.

De una parte, esta escuela afirma el carácter esencialmente ficticio de las palabras: no hay vínculo natural entre ellas y aquello que designan. De otra, incide en la irrealidad del conocimiento: si la facultad de conocer fuese algo concreto, no podría conocerlo todo. ¿Qué es un concepto? Según una definición clásica de Agustín de Hipona, aquello que no es: «Signum est quod non est». Presentar el concepto como irreal evita que nuestras representaciones o ideas de las cosas suplanten a las cosas mismas; reconocer el carácter artificial de las palabras, evita que el lenguaje sea anterior al pensamiento y su soberano. El tipo de concepto que abre la puerta del mundo al pensamiento es un umbral invisible que cruzamos en cada acto de conocimiento.

Si esta postura intelectual se apoya en estos conceptos sin los que no podríamos conocer, ¿por qué meterla en la casilla *mundo*? Porque gracias a ese tipo tan concreto de concepto, el mundo se nos da a conocer. Nadie que desee conocer se conforma con quedarse en el umbral del conocimiento, como nadie confunde pasar horas de cola en la puerta de una discoteca con salir de fiesta. Del otro lado de la puerta, en teoría, espera la realidad.

La gran ventaja de esta escuela es que parece sinónimo de sentido común. Cuando pensamos, no pensamos en nuestro pensamiento, sino que sencillamente pensamos en algo. Lo mismo ocurre con las palabras cuando hablamos: no se refieren a sí mismas. «Estos días azules y este sol de la infancia»: Antonio Machado no reflexiona sobre ni habla de los conceptos y palabras *cielo*, *azul*, *sol*, *infancia* con este verso. El poeta sevillano usa esas palabras para lanzar un último suspiro lleno de agradecimiento. Podemos reflexionar sobre qué es el pensamiento, como podemos buscar la palabra que mejor describe una situación concreta; pero incluso en estos casos no dejamos de pensar en algo y de hablar de ello. En gran medida, esta posición es la más completa porque afirma que hay pensamiento, lenguaje y, sobre todo, mundo.

Con todo, hay dos grandes ausentes en este conocimiento de la realidad: los individuos y los eventos. No se niega su existencia, sino la posibilidad de que podamos conocerlos en sentido fuerte. ¿Podría existir algo así como el concepto de una persona con nombres y apellidos? No somos ideas. ¿Acaso hay un concepto por cada perro que hay sobre la faz de la tierra? El conocimiento versa sobre lo universal que puede haber en un individuo, no sobre su individualidad. Por otra parte, ¿existe el concepto de un acontecimiento concreto, como la batalla de Trafalgar? No. Los acontecimientos ocurren, se viven, se narran o —como máximo— se dan a conocer. Pero no se conocen. Estas dos exclusiones conllevan una pregunta. ¿Qué queremos decir cuando decimos que conocemos a alguien, o que sabemos que algo así como la batalla de Trafalgar tuvo lugar? Más en general, ¿qué queremos decir cuando decimos que conocemos?

Los conceptos son naturales e irreales, mientras que las palabras son ficciones e instrumentos. Por mucho que el concepto dirija de forma natural y discreta el pensamiento al mundo, o que el pensamiento posea intencionalmente la forma de aquello que piensa mientras lo piensa, la conexión entre conceptos y palabras es artificial. Una primera conclusión de este planteamiento es que el ejercicio de pensar conlleva fuertes dosis de inefabilidad. El sabio tiene todo el derecho del mundo a asumir la postura de quien no quiere discutir: «Yo me entiendo». A menos, claro está, que todos aceptemos usar cada palabra como su sabiduría señale que debe usarse.

Una segunda consecuencia es que, pese a que se dé a conocer, el mundo sea el gran desconocido. Por mucho que den a conocer la realidad, las palabras del sabio serán igual de ficticias y secundarias. Así, el sabio se entiende en la misma medida en que el mundo se desconoce. Lo real sería aquello que siempre debe ser imaginado y purificado de la imaginación. Un pensamiento inefable o separado necesita imaginación para conocer individuos y eventos, porque conocer lo pensado siempre significará transponer irrealidades naturales en ficciones instrumentales. Sea el mundo o el pensamiento lo inefable, el lenguaje no deja de ser algo añadido, extrínseco y accidental.

ATLAS HACE MUTIS

Hasta aquí las posiciones intelectuales y estrategias que amurallan el lenguaje con pensamiento, palabras y mundo. De una parte, y como mínimo, estas descripciones han añadido dos hechos más a la idea principal de estas páginas. No solo hay lenguaje. Además, resulta que también hay pensamiento y mundo. De otra, estas tres escuelas de pensamiento dejan entrever una cierta disputa. El motivo de la controversia consiste en reclamar para sí el privilegio de servir de apoyo y, hasta cierto punto, de origen de las otras dos. ¿Qué fue (y es) primero, el pensamiento, el lenguaje o el mundo? ¿Quién manda aquí?

Tal vez resulte pesado cargar sobre los hombros, como el titán Atlas con la cúpula celeste, con el peso de lo real. Con todo, servir de apoyo y fundamento también otorga un cierto poder. Sin Atlas, el cielo se derrumbaría sobre nuestras cabezas. Un servicio puede ser una forma de dominio. Preguntarse por la jerarquía entre pensamiento, palabra y mundo también supone identificar cuál de los tres domina a los otros dos. Seguramente, la amenaza de este dominio es el motivo por el que muchas personas sensatas no quieren pensar más de la cuenta ni dejarse arrastrar, como los protagonistas de las novelas de Dostoievski, por el magnetismo y fatalidad de «las grandes preguntas». Nadie quiere vivir dominado.

Por esta misma razón, la expresión «hay lenguaje» no debería entenderse como «el fundamento de lo real es el lenguaje». Apoyarse en el lenguaje supone rechazar la dominación.

Hay quien, sin embargo, afirma que el lenguaje es el fundamento de lo real. Esta tesis confirma la vaga sensación de que solo existe (en el sentido fuerte de la palabra) aquello de lo que se habla. Es decir, otorga a cada persona un poder que hasta hace no tanto se reservaba a la palabra divina: «Y dijo Dios: Sea la luz; y fue la luz». La Biblia es clara: no somos dioses. Nadie se cura de una enfermedad por mucho que se repita que no está enfermo. Tampoco aclara gran cosa quien quiera defender esta postura con el matiz de que el lenguaje es el fundamento de nuestra percepción de la realidad. Los ojos no ven porque lo digamos. Es verdad que muchas veces debemos decir qué vemos para fijar la mirada o para reparar en aquello a lo que no hemos prestado atención. Pero eso no significa que para sentir haya que decir. Puedo preguntarme si estoy acariciando un perro o un gato porque no cuestiono la caricia.

La descripción de cómo el pensamiento, la palabra y el mundo amurallan el lenguaje indica que hay pensamiento y mundo. También muestra que decidirse por ese lenguaje amurallado significa combatir frontalmente cualquier lógica de dominio travestida de conocimiento. Sin embargo, hemos llegado al final del capítulo sin dar respuesta a la pregunta qué es el lenguaje. Al menos, en el entreacto, Atlas ha dejado las constelaciones en su sitio para bajar del escenario.

La cuarta pared

PREGUNTA DE FILÓSOFO

«Con las palabras se hacen cosas: ¿es acaso menos real un contrato de arrendamiento que un magnolio?». Esta pregunta, formulada por Alejandro Llano en *La nueva sensibilidad. En la era de la desconexión*, reúne a tres protagonistas. El primero es el magnolio. Comparece como muestra del mundo natural, ajeno a todo artificio, al lenguaje y, casi podría añadirse, a cualquier intervención o idea humana. El segundo es el contrato de arrendamiento. Sube al escenario como paradigma de ese mundo cultural, lingüísticamente construido y decididamente humano; de aquello que, ante todo, ha sido hecho con palabras. El último protagonista, que une y separa a los dos anteriores en una tragicomedia de final abierto, es el pensamiento encerrado en las cuatro palabras con las que arranca la pregunta: *es acaso menos real*. Pensamiento denso y atrevido, dispuesto a estimar el grado de realidad de aquello que existe, sea un árbol o un documento. ¿Es acaso menos real...?

La pregunta se queda sin respuesta porque, en gran medida, su misma formulación pretende responderla. Con las palabras hacemos cosas; por tanto, no, no es menos real un contrato de arrendamiento que un magnolio. Sin ser cosas iguales, los dos son igual de cosas. Con todo, esta hermosa pregunta deja tres hilos al alcance de la mano de los que sería una pena no tirar.

El primero es la posibilidad de una inversión. ¿Hasta qué punto los magnolios no están hechos de palabras? La Real Academia Española usa palabras hermosas para definirlos.

Árbol de la familia de las magnoliáceas, de 15 a 30 metros de altura, tronco liso y copa siempre verde, hojas grandes, lanceoladas, enteras, persistentes, coriáceas, verdes por el haz y algo rojizas por el envés, flores hermosas, terminales, solitarias, muy blancas, de olor intenso y agradable y de forma globosa.

Descripciones aparte, necesitamos una palabra para identificar o reconocer al magnolio. ¿Susurraron el porte y la nobleza de este árbol su nombre a los habitantes del pasado? No. Los nombres del género *magnolia* y de la familia *magnoliaceae* nacen como homenaje. El botanista Charles Plumier las bautizó así en 1703 para honrar la memoria y la obra de Pierre Magnol que, al parecer, había sido el primero en describirlas. A pesar de ser considerado un fósil viviente por crecer sobre la tierra desde hace 95 millones de años, tal vez lo más preciso (y paradójico) sea afirmar que este árbol existe como magnolio desde 1703. Los contratos de arrendamiento son mucho más antiguos.

Segundo hilo. ¿Solo depende de palabras la realidad de un contrato de alquiler, en nada menor a la de un magnolio? No. Toda una serie de prácticas otorgan a las palabras que lo constituyen su peso y significado. Según Álvaro d'Ors, en tanto que contrato, codifica «un deber de "obligación" de un deudor a favor de un acreedor, al que se reconoce la preferencia de poder exigir el cumplimiento de la obligación a costa de los bienes en propiedad del deudor». La realidad de un contrato depende para materializarse de todo un entramado social y aparato de gobierno que reconozcan obligaciones y exijan cumplimientos. A este entramado y aparato habría que añadir el proceso de fabricación del soporte físico —cerámica, papel, digital— del contrato en cuestión. La realidad de algo hecho con palabras no depende solo de ellas.

Tercer hilo, la posibilidad misma de la pregunta. La capacidad de comparar en una pregunta la realidad de un magnolio con la de un contrato de arrendamiento no debe confundirse con la posibilidad de poder presentar árboles, documentos y realidades en un mismo plano sin despeinarse. ¿Dónde sino en el lenguaje podía haberse abierto un espacio donde elementos tan heterogéneos como un magnolio, un contrato de arrendamiento y lo menos real convivieran en armonía y pie de igualdad? Si viésemos estos tres artículos al revisar el tique de compra en el aparcamiento del supermercado, volveríamos a la caja a pedir explicaciones. No así en un libro sobre «la era de la desconexión». ¿Por qué en el tique sí y, en cambio, en el libro no? ¿Acaso es menos posible en un tique que en un libro?

Tanto da. La pregunta de Llano muestra la distancia que separa el uso del ser del lenguaje, la capacidad humana de hacer cosas con palabras de un poder de enunciación exclusivo del lenguaje.

EL «ALGO ESPECIAL» DE LAS PALABRAS

Antonio Millán-Puelles señala en *Fundamentos de Filosofía* que las palabras concretas poseen una propiedad especial para poder referirse a una pluralidad de seres u objetos: «Siendo singulares y concretas, tienen algo especial que les permite la referencia a una pluralidad de cosas». ¿Qué es ese «algo especial»? En su respuesta, Millán-Puelles esboza la existencia y correlación de tres tipos de universales: *universales de significación*, *universales de representación* y *universales entitativos*. Es decir, distingue paso por paso entre palabras, conceptos y (esencias o naturalezas de) cosas, para después explicar con detalle su jerarquía.

Da igual que una escuela o corriente intelectual distinga el hecho del lenguaje de palabras, conceptos y cosas: también ella deberá dar cuenta de ese «algo especial» que logra que un signo singular y concreto pueda referirse a una pluralidad de seres y objetos. Es más, si tal postura pretende usar el «algo especial» de los signos para defenderse de las pretensiones de cualquier tipo de universal, origen o fundamento, entonces explicar qué es o cómo funciona se vuelve una cuestión de vida o muerte. Con todo, gracias a esta urgencia, y casi por accidente, el contenido de la única idea de estas páginas aparece al desnudo. La expresión «hay lenguaje» apunta al «algo especial» de las palabras. Percibir el lenguaje significa percatarse de ese rasgo tan característico. Nada más, nada menos.

Este punto de partida señala una bifurcación. Millán-Puelles parte del «algo especial» de las palabras para llegar hasta los universales. En *La Ar-*

queología del saber, Michel Foucault lo subsume en el «algo más» que constituye el enunciado: «Una serie de signos se convertirá en un enunciado siempre y cuando tenga una relación específica con "algo más" [...] que la concierne a ella misma, y no a su causa o a sus elementos». El primer paso —necesario y legítimo— de una postura que se escude en el lenguaje frente a palabras, pensamiento y mundo es desplazar el «algo especial» de las palabras al «algo más» que transforma un grupo cualquiera de signos en un enunciado. ¿Por qué es un paso necesario y legítimo? Porque afirma que hay lenguaje sin encerrarlo en el pensamiento, las palabras o el mundo.

La pregunta, por tanto, deja de referirse a las palabras y apunta a lo que Foucault llama *enunciado*. Muchas expresiones de Foucault han tenido un éxito enorme. Algunas hasta se han convertido en moneda de cambio. Es muy posible que *biopolítica* sea la más popular y útil de todas. Por el contrario, la forma en que el escritor francés habla del enunciado solo ha generado una enorme confusión. El origen de tanto malentendido descansa en un automatismo. Resulta natural equiparar un enunciado con una frase, proposición o, incluso, con un acto de habla; según *La arqueología del saber*, sin embargo, no son lo mismo. La mejor forma de evitar esta asociación es pensar en un grupo de enunciados como activaciones de la función enunciativa del lenguaje. Lejos de cosificar el lenguaje, esta función subraya el dinamismo de su existencia.

EL «ALGO MÁS» DEL ENUNCIADO

¿Qué es un enunciado? Con esta pregunta regresamos sobre la idea que no hemos abandonado a lo largo de estas páginas. Hay lenguaje. Foucault equipara con el lenguaje mismo el «algo más» que pone en juego su poder de enunciación y que explica el «algo especial» de las palabras. Llegados a este punto, cabe preguntarse: ¿qué elementos o requisitos son necesarios para que se alce este poder de enunciación, para que se active su función enunciativa, para que —sencillamente— haya lenguaje? En la práctica, y siempre según los titubeos y compases de *La arqueología del saber*, solo cuatro.

El primero es un referente entendido en términos de posibilidad y diferenciación. El lenguaje hace posibles espacios en los que emergen objetos y se revelan diferencias. Entre aquello que cabe distinguir también se encuentra el grado de realidad o tipo de existencia que corresponde a lo que la enunciación presenta. Gracias a la heterogeneidad de los elementos que lo ocupaban, este espacio resulta obvio en la pregunta de Llano: «¿Es acaso menos real un contrato de arrendamiento que un magnolio?».

El poder de enunciación del lenguaje también requiere de un sujeto entendido como posición. La característica más importante de esta posición es que puede localizarse, describirse y entenderse sin recurrir a la intención o experiencia personal del individuo que la ocupa. No tiene por qué coincidir con el autor de una obra o afirmación concreta; más bien, es una máscara que posee una cierta presencia y resonancia. Pensemos en todas las voces que intervienen en el confinamiento de un demente: la familia o amigos que lo llevan al hospital, el médico o perito que evalúa su estado, el juez que aprueba la privación de su libertad, etcétera.

Un enunciado convive con otros en los que se inscribe y a los que se refiere, con aquellos que repite, modifica, comenta o discute, y con todos a los que, en última instancia, deja espacio. Este entramado es el tercer requisito del poder de enunciación del lenguaje. La enunciación, por tanto, no se da en solitario; como señala Foucault, «los márgenes de un enunciado siempre están poblados de otros enunciados». La forma más intuitiva de entender en qué consiste esta red o telaraña es pensar en los datos, citas, fuentes y documentos que pueden utilizarse en la confección de una noticia, de un ensayo, de una tesis doctoral, de un expediente administrativo o del perfil de un usuario de redes sociales.

El último requisito de un enunciado cualquiera, o de la enunciación misma del lenguaje, es que tenga existencia material y repetible. De una parte, esta materialidad presenta el enunciado como estable e idéntico; de otra, lo abre a toda una serie de posibilidades que, extrañas a su nacimiento, lo multiplican y expanden de forma más o menos imprevisible. Gracias a su materialidad, el enunciado puede conservarse como un objeto y repetirse; de hecho, existen instituciones encargadas de conservar enunciados y de establecer sus condiciones de distribución y repetición.

LA PUESTA EN ESCENA

El poder de enunciación o función enunciativa del lenguaje requiere para darse de *referente* (posibilidades y espacios de diferenciación), *posiciones* (enclaves abiertos a las voces que toman la palabra), *entramado* (un ejército adjunto de otros enunciados) y *materialidad* (existencia material y repetible). Hay lenguaje cuando se reúnen estas cuatro condiciones; juntas conforman aquello que Foucault denomina *eventos*, *enunciados* o, sencillamente, *hechos discursivos*. Rastrear y describir su concurso y formación en un determinado corpus de documentos es el objetivo que persiguen la mayor parte de sus famosas arqueologías y genealogías.

Todas estas explicaciones suenan vagas y abstractas. Sin embargo, persiguen lo más concreto e inmediato. Por ejemplo, pensemos en el sexo, entendido, como propone la Real Academia, como actividad sexual o sexualidad. En la introducción de su *Historia de sexualidad*, Foucault explica cómo pretende él estudiarlo.

> De ahí que el punto esencial (al menos en primera instancia) no sea saber si al sexo se le dice sí o no, si se formulan prohibiciones o autorizaciones, si se afirma su importancia o si se niegan sus efectos, si se castigan o no las palabras que lo designan; el punto esencial es tomar en consideración el hecho de que se habla de él, quiénes lo hacen, los lugares y puntos de vista desde donde se habla, las instituciones que a tal cosa incitan y que almacenan y difunden lo que se dice, en una palabra, el «hecho discursivo» global, la «puesta en discurso» del sexo.

Es fácil reconocer en este texto las cuatro condiciones necesarias para que haya lenguaje, aunque solo mencione de forma explícita dos. Primero, el *referente*; en este caso, los objetos y criterios que la cuestión del sexo en su amplitud logra que comparezcan ante la mirada: cuerpos, placeres, deseos, sentimientos, obligaciones, categorías, etcétera. Segundo, los *sujetos*; es decir, las posiciones de quienes hablan. Tercero, la referencia a las instituciones que incitan al discurso y distribuyen las cosas dichas apunta a todo un *entramado* de enunciados que conforman el hecho discursivo del sexo; también, por supuesto, a su misma *materialidad*.

¿Cómo definir, por tanto, estos eventos o hechos discursivos en bruto? Como puestas en escena sin cuarta pared. Tal y como la plantea Foucault, una historia de la sexualidad se reduce a la descripción de la puesta en escena del sexo desde finales del siglo XVIII. ¿Significa esa escenificación que algo tan inmediato como el sexo en realidad no existe? No necesariamente. Significa que incluso entre nosotros y aquello que tomamos como lo más inmediato y real siempre hay lenguaje. Nada más. La gran virtud —posiblemente, la única virtud— de un planteamiento de una acidez tan elevada como el suyo es advertir que, con independencia de nuestra implicación en la historia llevada a escena, siempre habrá cuarta pared.

Este aviso y conciencia descubren horizontes de decisión y puntos de resistencia que quien elude el hecho del lenguaje corre el riesgo de pasar por alto. Siempre cabe decidir y actuar de manera distinta sobre aquello a lo que nos referimos cuando hablamos de —en el caso del ejemplo— sexo. Da igual la grandilocuencia de una palabra, la universalidad de un concepto o la inmediatez de una realidad: siempre habrá alternativas. Esta apuesta por la generación de diferencias llevó a un crítico a denominar la opción intelectual ensamblada a ciegas por Foucault como una pragmática de la divergencia. De lo que se trata es de servirse del lenguaje para ofrecer al pensamiento formas diferentes de pensar y actuar.

RESPUESTA DE SOFISTA

Solemos emplear la palabra *discurso* para referirnos a una alocución o disertación pública más o menos solemne: «El rey dio ayer su discurso de Nochebuena». El diccionario contempla cuatro definiciones más antes de llegar a la de exposición pública. Ninguna coincide con el uso que Foucault hizo del término. A estas alturas, no resulta difícil adivinar por qué.

En su uso habitual, todo discurso requiere de una persona que lo pronuncie. Puede coincidir o no con su autor; pero, como mínimo, una persona concreta lo lee o expone. Foucault invierte esa situación. Nadie pronuncia o da un discurso. A lo sumo, el análisis de un discurso determina las posiciones desde donde los individuos concretos pueden tomar la palabra. Esta inversión resulta poco intuitiva. ¿Acaso no vemos al rey hablar por la televisión cada Nochebuena? Sí. Nadie lo niega. Sin embargo, si sus palabras pesan y son tenidas en cuenta, ¿no es sencillamente porque las pronuncia el jefe de un Estado y no el individuo concreto, la persona, que ese jefe resulta ser? Solo cuentan las posiciones desde donde se toma la palabra, no el individuo que en un momento concreto habla.

Además de las personas, otras dos grandes ausencias separan la noción de discurso de Foucault de aquella a la que estamos más acostumbrados. Son las palabras y las cosas. Tampoco resulta ahora tan difícil entender por qué. Apenas lo nota, un filósofo como Millán-Puelles se embarca a comprender y explicar cómo es posible que algo concreto y singular como una palabra posea la capacidad de referirse a una pluralidad de cosas. La opción de Foucault es otra. En vez de explicar el «algo especial» de las palabras, decide incluirlo en la explicación y referirlo únicamente al hecho del lenguaje. Para que haya lenguaje, sí, las palabras deben referirse a y relacionarse con otras palabras y cosas. Sin embargo, ni las palabras ni las cosas importan: sólo interesa todo ese nudo de referencias y relaciones sin las que no se daría el «algo más» del lenguaje.

Como el diccionario, Foucault propuso varias acepciones de discurso a lo largo de su carrera. La más aséptica es «un número limitado de enunciados para los que puede definirse un conjunto de condiciones de existencia». Un discurso es una serie discontinua de eventos cuyos referentes, posiciones, entramados y materialidad pueden describirse. Sin embargo, el discurso también puede definirse desde aquello a lo que da la espalda. Desde el punto de vista de las personas, es *muerte*: «El discurso no es la vida; su tiempo no es el vuestro; no os reconciliaréis en él con la muerte». Desde el punto de vista de las palabras, es *locura* o *delirio*: «Aquella región blanca de la autoimplicación en que no se dice nada». Por último, visto desde las cosas, el discurso es *violencia*: «Es necesario concebir el discurso como una violencia que hacemos a las cosas». Muerte, delirio, violencia: allí donde hay lenguaje, hay peligro.

En gran medida, la noción de discurso que Foucault desarrolla y explora en *La arqueología del saber* responde al vacío y expectativa que siguió a su anuncio de la inminente muerte del hombre en los últimos párrafos de su libro anterior, *Las palabras y las cosas*: «El hombre es una invención cuya fecha reciente muestra con toda facilidad la arqueología de nuestro pensamiento. Y quizá también su próximo fin». Según su «arqueología de las ciencias humanas», el ser del hombre y el ser del lenguaje nunca han convivido en igualdad de condiciones en la historia del pensamiento occidental; de hecho, la decisión filosófica de nuestra época consiste en decidirse por uno de los dos. Con su descubrimiento del discurso, Foucault se decanta por el lenguaje y, hasta cierto punto, disuelve al hombre: «Se trataba de despojar a la historia del pensamiento de todo su narcisismo trascendental».

Palabras insolentes. Tal vez amargas. ¿Qué significan? Ante todo, que existe una distancia entre el lenguaje y las voces que hablan. Ninguna persona o sujeto de cualquier tipo —individual, colectivo, trascendental— controla o gobierna el lenguaje. Cualquier protección o muro que pueda levantarse a su alrededor es un castillo de arena que se mantendrá en pie el tiempo que tarde en subir la marea. A fin de cuentas, solo estará hecho de palabras.

¿Es esta «muerte del hombre» un veredicto tan posmoderno como algunos pretenden? No. Repite con otros acordes el *leitmotiv* clásico que tan bien resumieron Jacinto Choza y Jorge Vicente Arregui: «Hay una diferencia o distancia entre el intelecto y el yo». A esta variación que se apoya en el lenguaje le siguen dos conclusiones prácticas. Para cuando suba la marea, tendremos que haber aprendido a nadar o, en su defecto, a caminar sobre las aguas.

Dramatis Personae

Las aplicaciones como ChatGPT son un tipo de inteligencia artificial capaz de generar texto, de resumir contenido, de atender peticiones, de analizar los sentimientos que se desprenden de un cierto texto o contenido y, por último, de traducir. La forma más común de referirse a ellas es servirse de las siglas LLM, *Large Language Models* en inglés. Sus traducciones al castellano más frecuentes son «modelos de lenguaje grande» o «modelos de lenguaje de gran tamaño». Ninguna me convence. A lo largo de este capítulo, hablaré de «modelos extensivos de lenguaje».

La posibilidad de que uno de estos modelos pueda generar contenido, hecha realidad gracias a la potencia de cálculo, implica tres sustituciones o desplazamientos: de la *persona* que habla o escribe, de las *palabras* que utiliza y de las *cosas* a las que se refiere. La forma en que Foucault disecciona el hecho del lenguaje en *La arqueología del saber* ayuda a entender estos modelos conversacionales y otros tipos de inteligencia artificial. La incredulidad frente a un planteamiento extravagante es ahora una experiencia cotidiana: cada usuario puede interactuar y comunicarse con un modelo de lenguaje a pesar de que no sea ni un ser humano, ni use palabras, ni hable de cosas. Tal vez este tipo de interacciones entre humanos y algoritmos sean la prueba definitiva de la obviedad que, aunque no necesite ser probada, tanto cuesta entender: hay lenguaje. Porque, a pesar de estas tres sustituciones tan drásticas, estos modelos hablan. *Eppur si muove.*

Solo después de haber dado la vuelta al mundo para regresar al punto de partida, cabe preguntarse qué ocupa el lugar de las personas, las palabras y las cosas cuando habla un modelo extensivo de lenguaje. ¿Cómo es posible que aplicaciones como ChatGPT (OpenAi), Llama (Meta) o Gemini (Google) puedan hablar? ¿Por qué hablan? ¿Qué corazón les alienta y anima? ¿Podemos dar con una respuesta sin volver sobre nuestros pasos, sin girar la cabeza, sin que nos persiga el peligro de transformarnos para siempre en estatuas de sal? Sí. Puesto que en estas aplicaciones solo hay lenguaje, entonces ocuparán el lugar de las personas, palabras y cosas las cuatro variables que requiere la activación de su función enunciativa: *referente, posiciones, entramado* y *materialidad*.

PERSONA: POSICIONES Y MATERIALIDAD

Analicemos primero los dobles de la *persona* que escribe cuando escribe una inteligencia artificial. ¿Qué suplanta al ser humano cuando un modelo extensivo de lenguaje produce un mensaje o contenido? De los cuatro requisitos de la función enunciativa del lenguaje, destacan dos: unas determinadas posiciones y una cierta materialidad.

De una parte, el abanico de posiciones. En la medida en que un agente libre interactúa con un modelo extensivo de lenguaje, puede decirse que esa interacción carece de guion preestablecido. No cabe predecir qué preguntará alguien a un modelo extensivo de lenguaje y, por tanto, tampoco aquello que el modelo responde. La respuesta a una pregunta dirigida a un chatbot o a ChatGPT es, a lo sumo, el resultado de su entrenamiento a partir de los datos extraídos de un cúmulo de fuentes; es decir, de un inconmensurable «se dice». ¿Quién dicta aquello que dice una inteligencia artificial? Nadie. ¿Quién habla cuando habla una inteligencia artificial? Nadie. Es una máscara. Como se desprende de

La arqueología del saber, este «nadie» no es ningún obstáculo para que haya lenguaje. Más bien, es uno de sus requisitos más importantes.

Desde este anónimo «se dice», de hecho, el modelo extensivo de lenguaje puede adoptar la posición de un individuo en una circunstancia concreta. Al poco de que se publicitara ChatGPT, le pedí que escribiera un mensaje en el que un hombre agradece a otro su amistad sin que suene a una declaración de amor reprimida o encubierta. El resultado fue bastante convincente.

> Oye, chaval, solo quería decirte que eres una parte fundamental de mi vida. Sin ti las cosas serían muy aburridas. Gracias por tantos momentos y risas juntos. Eres todo un *bro*. Tengo suerte por tenerte como amigo. Gracias por estar siempre ahí.

Tantos ríos de tinta sobre la infinita e insondable libertad y creatividad humanas cuando, al final, resulta que somos predecibles. Una inteligencia artificial puede expresarse como lo haría cada uno de nosotros allí donde más importa y nos va la vida, como con un buen amigo en la intimidad.

Y, aunque una inteligencia artificial no pudiese reproducir exactamente nuestra misma expresión, la duda que proyecta su posibilidad es de por sí atractiva y demoledora. ¿Declaramos su incapacidad porque su mensaje es «humano, demasiado humano» o porque somos nosotros quienes de repente nos descubrimos únicos e irrepetibles?

El otro elemento que sustituye al autor del mensaje en un modelo extensivo de lenguaje es la materialidad propia de estas aplicaciones. Esta materialidad puede dividirse en tres frentes. En primer lugar, el *territorio* que ocupa toda su infraestructura. Es un territorio amplio, que parte de cada dispositivo, pasa por los centros de datos que almacenan, generan y transmiten información, y llega hasta el millón y medio de kilómetros de cable submarino que hacen posible internet. En segundo lugar, la energía y recursos naturales que consumen las aplicaciones de inteligencia artificial. Se estima que la industria tecnológica consume el 20 por ciento de la electricidad del mundo y que, en total, responde del 5,5 por ciento de las emisiones globales de dióxido de carbono. Sin mencionar las materias raras que requiere su producción o el consumo de agua que necesita su conservación. Por último, las *instituciones* que las desarrollan y comercializan. Estas empresas son las responsables de los criterios y, por tanto, de los prejuicios que reproducen sus modelos extensivos de lenguaje.

PALABRAS: CORRELACIONES Y DATOS

Pasemos a la segunda sustitución, la de las *palabras*. ¿Puede hablar una inteligencia artificial? ¿Saben los modelos extensivos de lenguajes usar palabras? ¿Qué podría llegar a significar tal afirmación? En la misma medida en que estas aplicaciones carecen de subjetividad, no son capaces de entender aquello que dicen. Y, con todo, saben qué decir. ¿Qué es, por tanto, el significado de una palabra para una inteligencia artificial? Nada sino el conjunto de relaciones que esa palabra establece con todas las demás. Como explica IBM, «durante su proceso de entrenamiento, estos modelos aprenden a predecir la siguiente palabra de una frase basándose en el contexto generado por las palabras que la preceden». Las palabras que usa una inteligencia artificial cuando habla no son palabras, sino mera relación. Esas cosas tan minúsculas y preciosas que las personas usan para tratar con su prójimo o para entenderse a sí mismas se vacían de significado y contenido cuando es una inteligencia artificial quien habla.

Como con la desaparición de las personas, la volatilización de las palabras no es un obstáculo para que haya lenguaje. Al contrario. Según *La arqueología del saber*, es su requisito.

¿Quién enseña a hablar a un modelo extensivo de lenguaje? ¿De dónde salen estas relaciones que sustituyen el significado de las palabras? En bruto, del vasto entramado de datos utilizados en el entrenamiento de cada uno de estos modelos.

En gran parte, estos datos no son sino el dato de lo humano: reflejan y cosifican la huella y sombra digital de millones de personas que, como usuarios únicos de teléfonos inteligentes, documentan sin salario ni esfuerzo la cotidianidad de sus vidas. Los centros de datos son verdaderos archivos de la positividad humana. Sus lectores, sin embargo, no son personas, sino algoritmos que, como dice de sí mismo ChatGPT, «están aquí para ayudar». A medida que el Internet de las Cosas (IoT, por sus siglas en inglés) y de los Cuerpos (IoB) colonicen cuerpos, casas y ciudades, se multiplicarán los datos a disposición de las empresas propietarias de estas aplicaciones y, por tanto, los modelos extensivos de lenguaje que comercialicen resultarán cada vez más serviciales y humanos.

Un modelo extensivo de lenguaje sustituye las palabras con relaciones que infiere del sistema de clasificación de un entramado de datos. La sustitución de palabras con relaciones significa que la palabra queda atrás de hecho, en un segundo plano. Las relaciones sobre las que se basa una inteligencia artificial no se reducen solo a la generación de texto. Un ejemplo. Ucrania presentó en mayo de 2024 a Victoria Shi, una portavoz de su Ministerio de Asuntos Exteriores generada completamente con inteligencia artificial. Las correlaciones y datos que permiten funcionar a estas aplicaciones producen el contenido de su mensaje, las emociones en su rostro, el tono de su voz. Una inteligencia artificial deroga la palabra y cualquier otro tipo de contenido, siempre que se dispongan de bases de datos de donde extraer las correlaciones en las que se disuelve su significado.

COSAS: USOS Y PRÁCTICAS

Última sustitución. Un modelo extensivo de lenguaje carece de conciencia: no entiende las cosas que dice ni tampoco las cosas a las que se refiere. En este sentido, su discurso es delirio. Sin embargo, como alguien que habla, hace cosas con las palabras y, como con alguien que delira, su irrupción precipita ciertas cosas a su alrededor. De la misma forma, las cosas a las que se refieren las palabras de una inteligencia artificial se sustituyen con las cosas que hace al usar palabras y con las prácticas en las que tales usos se enmarcan. Las cosas a las que nuestras palabras se refieren cuando hablamos con alguien se sustituyen con todas aquellas cosas que un modelo extensivo de lenguaje hace al hablar y con todas aquellas cosas que solo pueden pasar cuando uno de estos modelos habla.

Con las palabras hacemos cosas. ¿Acaso no las hace también un modelo extensivo de lenguaje, si de hecho usa palabras? Por supuesto. Es más, puesto que cuenta con más datos y potencia de cálculo que una persona, también contará con más impacto. Los modelos extensivos de lenguaje multiplican y aceleran el riesgo que acompaña al uso de la palabra. Allí donde hay lenguaje, hay peligro.

El Foro Económico Mundial señaló a comienzos de 2024 que la desinformación generada por la inteligencia artificial era el mayor riesgo al que se enfrentaba el mundo ese año. Esta amenaza ocupaba el primer puesto en el podio porque tres mil millones de personas estaban llamadas a votar en todo el mundo: «Una campaña de vídeo generada por una inteligencia artificial podría influir a los votantes y alentar protestas o, en escenarios más extremos, conducir a la violencia o a la radicalización», advertía la institución. La lectura ética de este riesgo es que, como cualquier herramienta o tecnología, la inteligencia artificial puede ser usada para hacer el mal. Frente a este riesgo, las líneas rojas: qué está permitido y qué debe evitarse cuando recurrimos a un modelo extensivo de lenguaje.

Sin embargo, y por pertinente que sea, contentarse con reducir una tecnología a su uso ético no hace justicia al vértigo que su misma posibilidad provoca. ¿Qué pasa si se invierte el titular? Según el Foro Económico Mundial, las personas pueden radicalizarse —hasta el punto de llegar a la violencia— por culpa de contenidos generados por agentes que no son humanos. ¿Puede ocurrir lo contrario, que las personas lleguen a unirse y amarse más entre ellas, al más puro estilo Novena sinfonía, por este tipo de contenidos? Y, en cualquiera de los dos casos, ¿no significan tales posibilidades que eso que llamamos persona o ser humano arrastra un porcentaje no pequeño de teatro y artificialidad?

La sustitución de las cosas a las que se refieren las personas cuando hablan por las que se hacen al hablar es la más importante de todas. Confirma las dos anteriores al presentar sin máscaras el peligro del lenguaje. El riesgo de que una inteligencia artificial pueda ser confundida con un ser humano solo demuestra que ser persona no excluye las máscaras ni la teatralidad. El riesgo de que sus palabras (meras relaciones) puedan desencadenar una revuelta confirma la verdad de una lección ya vieja; como indican Conesa y Nubiola, «no hay ningún poder escondido que confiera sus significados a las palabras: *significan lo que significan en virtud del modo en que las usamos* y nada más». Los significados de las palabras se escenifican en la superficialidad de un uso imposible sin discurso, sin cuarta pared, sin puesta en escena.

¿Debe, por tanto, una inteligencia artificial figurar entonces en el *dramatis personae*? Por supuesto. El resto de actores deberá esforzarse para que

«El riesgo de que una inteligencia artificial pueda ser confundida con un ser humano solo demuestra que ser persona no excluye las máscaras ni la teatralidad» esa máscara sin sujeto no se convierta en lo que nunca llegará a ser: un *deus ex machina*.

EXTENSIÓN Y ARTIFICIO

Los modelos extensivos de lenguaje cumplen los cuatro requisitos principales que señala *La arqueología del saber* para que haya lenguaje. Poseen referente, sujeto, entramado y materialidad. Pueden interactuar con seres humanos y generar textos, y además intervienen en el mundo. Con todo, por muy bien que estas aplicaciones reproduzcan o predigan el comportamiento del ser humano, compararlas con una persona no es un error pequeño. En vez de una subjetividad o conciencia, poseen sujetos entendidos como posiciones; en vez de un cuerpo, una materialidad irregular y descentralizada.

Sin embargo, la irrupción de estos modelos de lenguaje abre la puerta a la pregunta sobre el artificio humano. ¿Por qué temer el día en que la inteligencia artificial llegue a ser como los seres humanos cuando es más relevante indagar en qué medida los seres humanos ya son artificiales? La verdad requiere ficción. ¿Por qué no plantearse qué partes o hábitos de nosotros mismos son realmente fingidos y no qué porcentaje de un modelo extensivo de lenguaje es genuinamente humano? Además, puesto que estas aplicaciones no son ni serán personas, sino sus sustitutos en ciertas tareas y funciones, cabe también preguntarse sobre qué es insustituible de la persona. ¿La ficción, quizás?

Cuando los gobiernos pusieron punto y final al confinamiento debido a la pandemia de coronavirus, la «presencialidad» se puso de moda. Cabe esperar que el auge de la inteligencia artificial apunte en la misma dirección, solo que desde otro ángulo. A medida que se asiente y masifique su uso, los consumidores de conocimiento e información se verán abocados a poner en duda la autenticidad de cualquier representación, desde las noticias del telediario hasta las fotografías de un museo. Es posible que surjan movimientos a favor de una intimidad desconectada y en contra de la «datificación» del comportamiento humano. Tal vez, con un poco de suerte, nuestro cuerpo y corporalidad se tornen puntos de resistencia desde donde discriminar lo fingido verdadero.

Telón

Este ensayo arrancó con una idea: hay lenguaje. Me encantaría poder cerrarlo ahora con un susurro: «Atrévete a hablar». Por desgracia, toda la argumentación ha jugueteado con el hecho de que, si hay lenguaje, entonces nadie habla. Queda, por tanto, reformular mi petición.

Si podemos concluir del hecho del lenguaje que necesitamos la ficción casi más que la verdad, entonces «atrévete a hablar» solo significa «juega a la ficción de la verdad». Si podemos concluir del hecho del lenguaje que hablar siempre supone arriesgarse y ponerse a sí mismo en juego, «atrévete a hablar» solo significa «asume el riesgo de la palabra». Por último, si podemos concluir del hecho del lenguaje que morimos cuando hablamos, entonces «atrévete a hablar» solo significa «asómate al vértigo de la vida».

En resumen. Atrévete a hablar. Sí, siempre hay cuarta pared. No, nunca habrá guion.

BIBLIOGRAFÍA

ARREGUI, J.V., y CHOZA, J. (1991). *Filosofía del hombre. Una antropología de la intimidad.* Madrid: Rialp.

BLOOM, H. (1999). *Shakespeare: The Invention of Human.* Nueva York: Riverhead Books.

CAVACIUTI-WISHART, E., HEADING, S., KOHLER, K., y ZAHIDI, S. (2024). *The Global Risks Report 2024. 19th Edition. Insight Report.* Ginebra: World Economic Forum.
https://www.weforum.org/publications/global-risks-report-2024/

CONESA, F., y NUBIOLA, J. (2002). *Filosofía del lenguaje.* Barcelona: Herder.

CRAWFORD, K. (2021). *Atlas of AI. Power, Politics and the Planetary Costs of Artificial Intelligence.* New Haven: Yale University Press.

D'ORS, A. (2001). *Derecho y sentido común. Siete lecciones de derecho natural como límite del derecho positivo.* Madrid: Civitas Ediciones.

DE HIPONA, A. (2012). *La Ciudad de Dios: libros VIII-XV* (R. M. Marina Sáez, *ed.*). Madrid: Gredos.

DE JESÚS, T. (1966). *Obras completas.* Madrid: Aguilar.

DE LA CRUZ, J. (1992). *Poesía completa y comentarios en prosa.* Barcelona: Planeta.

DE LA VEGA, L. (2022). *Lo fingido verdadero.* Madrid: Instituto de las artes escénicas y de la música.

ESPORES (30 de diciembre, 2013). Magnolia, la flor del emperador. *Espores. La veu del botànic.* https://espores.org/es/es-plantas/magnolia-la-flor-del-emperador/

EVICH, P. (12 de marzo, 2021). The Botany of Magnolias. *Smithsonian.* https://gardens.si.edu/learn/blog/the-botany-of-magnolias/

FOUCAULT, M. (1968). *Las palabras y las cosas* (E. C. Frost, *trad.*). Buenos Aires: Siglo Veintiuno. (Edición francesa consultada: *Les Mots et les Choses. Une archéologie des sciences humaines.* En Michel Foucault [2015], Œuvres [F. Gros, *ed.*], Tome I [pp. 1033-1457], París: Éditions Gallimard).

—(1973). *El orden del discurso* (A. González Troyano, *trad.*), Barcelona: Tusquets. (Edición francesa consultada: *L'Ordre du discours*. En Michel Foucault [2015], Œuvres [F. Gros, *ed.*], Tome II [pp. 224-259], París: Éditions Gallimard).

—(2012). *Historia de la sexualidad, Vol. I: La voluntad del saber* (U. Guiñazú, *trad.*), Madrid: Biblioteca Nueva. (Edición francesa consultada: *Histoire de la sexualité 1, La Volonté de savoir*. En Michel Foucault (2015), Œuvres [F. Gros, *ed.*], Tome II [pp. 615-736], París: Éditions Gallimard).

—(2015a). *Historia de la locura en la época clásica* (J. J. Utrilla, *trad.*), Fondo de Cultura Económica: Ciudad de México. (Edición francesa consultada: *Histoire de la folie à l'âge classique*, suivi de *Mon Corps, ce papier, ce feu* et *La folie, l'absence d'œuvre*. En Michel Foucault (2015), Œuvres [F. Gros, *ed.*], Tome I [pp. 1-659]. París: Éditions Gallimard).

—(2015b). *L'Archéologie du savoir*. En F. Gros (*ed.*), Michel Foucault, Œuvres, Tome II (pp. 1-224). París: Éditions Gallimard. (Las citas en castellano de este libro han sido traducidas por el mismo autor).

HOMERO. (2015). *Odisea* (F. Gutiérrez, *trad.*). Barcelona: Penguin Random House Grupo Editorial.

—(1919). *The Odyssey* (A.T. Murray, *trad.*). Cambridge, MA., Harvard University Press.
http://data.perseus.org/citations/urn:cts:greekLit:tlg0012.tlg002.perseus-eng1:9

IBM. (n.d.). What Are Large Language Models (LLMs)? *IBM.*
https://www.ibm.com/topics/large-language-models

LLANO, A. (2017). *La nueva sensibilidad. En la era de la desconexión.* Madrid: Palabra.

—(1984). *Metafísica y lenguaje.* Pamplona: EUNSA.

MACHADO, A. (2010). *Poesías completas.* Madrid: Austral.

MARCO AURELIO. (2023). *Pensieri* (E.V. Maltese, *trad.*). Milán: Garzanti.

MERQUIOR, J.G. (1985). *Foucault.* Londres: Fontana Press.

MILLÁN-PUELLES, A. (1981). *Fundamentos de filosofía.* Madrid: Rialp.

MILLER, C. (2024). *Chip War.* Milán: Garzanti.

MULLER, F. (2023). Nadie habla. *Nuestro Tiempo, 718 (diciembre 2023 – marzo 2024)*, pp. 106-111.
https://nuestrotiempo.unav.edu/es/grandes-temas/nadie-habla

SHAKESPEARE, W. (2008), *Hamlet*, *Teatro Selecto*, Vol. II (pp. 1009-1130) (A.-L. Pujante, *ed.*), Madrid: Troa Librerías.

—(2008) *Macbeth*, *Teatro Selecto*, Vol. II (pp. 1619-1699) (A.-L. Pujante, *ed.*), Madrid: Troa Librerías.

THE GUARDIAN. (3 de mayo, 2024). Ukraine unveils AI-generated foreign ministry spokesperson. *The Guardian*.
https://www.theguardian.com/technology/article/2024/may/03/ukraine-ai-foreign-ministry-spokesperson

Este libro se terminó
de imprimir con la caída
de las primeras hojas del
otoño de 2024